AF262491

AFFAIRE DE NEUVIZY

DOUBLE RÉPLIQUE

AU JOURNAL *LE MONDE*

& A Mgr GOUSSET, CARDINAL-ARCHEVÊQUE DE REIMS

Par l'Abbé MAURICE

Sanas Juris Pontificii traditiones
LABESCENTES *confovere.*
(S. S. Grégoire XVI à Dom Guéranger.)

PARIS

RETAUX FRÈRES, Libraires-Éditeurs, rue Cujas, 13.

1866.

AVIS.

Les personnes, désireuses d'étudier profondément les principes du Droit Canon et les questions actuelles qui s'y rattachent, ne les trouveront nulle part exposés, développés avec plus de science, plus de de clarté, plus de sûreté de doctrine, que dans les ouvrages suivants (en vente chez L. GUÉRIN et Cie, éditeurs à Bar-le-Duc, Meuse) :

Ancienne et nouvelle Discipline de l'Eglise, par M. LOUIS THOMASSIN, mise en rapport avec les lois modernes, par M. ANDRÉ, curé de Vaucluse, docteur en droit canonique ; avec portrait de l'auteur, sa biographie, analyses raisonnées avant chaque chapitre, tables très-complètes qui terminent le dernier volume. — 7 vol. petit in-4° à deux col. — Le tome 5e est en vente. — Prix du volume : 9 francs.

Cet ouvrage est unanimement considéré comme le cours de droit canon le plus complet et le meilleur ; il peut tenir lieu de toute une bibliothèque sur cette matière.

Les Lois de l'Eglise, sur la nomination, la mutation et la révocation des curés, par l'abbé J.-F. ANDRÉ, docteur en droit canon, curé de Vaucluse (diocèse d'Avignon). — Deuxième édition. — Un vol. in-8° de 200 pages. — Prix : 2 fr. 50 centimes.

Exposition DE QUELQUES PRINCIPES FONDAMENTAUX DE DROIT CANONIQUE, méconnus dans l'Eglise de France, par l'abbé J.-F. André, docteur en droit canon, curé de Vaucluse. — Un vol. in-8° de 304 pages. — Prix : 5 francs.

DOUBLE RÉPLIQUE

AU JOURNAL *LE MONDE*

& A Mgr GOUSSET, CARDINAL-ARCHEVÊQUE DE REIMS

Par l'Abbé MAURICE

Sanas Juris Pontificii traditiones
LABESCENTES *confovere.*

(S. S. Grégoire XVI à Dom Guéranger.)

PARIS

RETAUX FRÈRES, Libraires-Editeurs, rue Cujas, 13.

1866.

DOUBLE RÉPLIQUE

AU JOURNAL *LE MONDE.*

L'affaire de Neuvizy, au diocèse de Reims, a un tel retentissement dans l'Eglise de France, et les questions qui s'y rattachent sont d'une si grave importance à tous points de vue, qu'il ne nous paraît pas permis de laisser dans l'ombre aucun des incidents de cette cause célèbre.

Depuis la publication de notre dernier ouvrage, parvenu en deux mois à sa seconde édition, Mgr Gousset, cardinal archevêque de Reims, a fait imprimer et circuler dans son diocèse une lettre du cardinal Caterini, préfet de la sainte Congrégation du Concile, portant à sa connaissance un jugement de la Congrégation de l'*Index*, sur l'opuscule du docteur André de Vaucluse, intitulé : *Les Lois de l'Eglise sur la nomination et la révocation des curés.* Bar-le-Duc, L. Guérin et Cie, éditeurs. Mgr de Reims ne s'est pas contenté de publier la lettre de l'Eminentissime Caterini ; il y a joint une traduction plus ou moins exacte, et une *note* signée, dans laquelle il flétrit à la fois et l'opuscule du docteur et les Mémoires relatifs à notre cause.

Quelques jours après, le 28 mai, le journal *le Monde* reproduisait, sous forme d'analyse, la lettre Caterini, ou plutôt la traduction inexacte que Mgr Gousset en avait donnée au public, et la note qui l'accompagne.

Convaincu que l'une et l'autre, note et traduction, altéraient le sens de la décision de Rome, et flétrissaient bien à tort l'opuscule du docteur et nos propres Mémoires, nous avons adressé au journal *Le Monde*, dès le 2 juin, la présente *réponse.* Le journal ayant jusqu'à présent différé de l'insérer, nous la donnons au public.

Et, comme nous n'avons en vue que l'intérêt de la justice et de la vérité dans toute cette affaire, nous commençons par reproduire intégralement l'article *du Monde*, avec la note de Mgr Gousset :

« S. E. le cardinal Caterini, préfet de la Sacrée-Congrégation du Concile, a adressé à Mgr l'archevêque d'Avignon une lettre en date du 28 mars 1866, relative à l'ouvrage intitulé : *Les lois de l'Eglise sur la nomination des curés, par l'abbé J.-F. André, curé de Vaucluse, diocèse d'Avignon. Bar-le-Duc* 1865. En même temps, copie de cette lettre a été envoyée à S. E. le cardinal Gousset, archevêque de Reims, qui en a fait imprimer le texte latin accompagné d'une traduction (1). Nous en avons reçu un exemplaire. Voici, en résumé, les faits qui résultent de cette lettre :

« Le 10 décembre de l'année dernière, la Sacrée-Congrégation de l'*Index* procéda, selon les formes accoutumées, à l'examen du livre de M. l'abbé André, et décida à l'unanimité des suffrages « que si, d'une part, il ne « semblait pas qu'il y eût lieu de proscrire cet opuscule « par un décret public, selon l'usage, son auteur méritait « néanmoins non-seulement une note de blâme, mais « encore une sévère admonition. »

« Les motifs de cette décision sont que l'auteur a livré son ouvrage à l'impression et à la publicité sans aucune approbation préalable de son Ordinaire, et même contrairement à la défense expressément formulée au Synode

(1) Nous trouvons au bas de cette traduction la note suivante :
« Une copie de la présente lettre à Mgr l'archevêque d'Avignon nous a été envoyée par l'éminent cardinal Caterini, préfet de la Sacrée-Congrégation du Concile. Son Eminence a pensé qu'il nous serait agréable de connaître la décision du Siége Apostolique concernant l'ouvrage de l'abbé André, dont le mauvais esprit et les prétentions téméraires et blâmables se retrouvent dans les Mémoires publiés en faveur de l'abbé Maurice, ancien succursaliste de Neuvizy.
« † Th. cardinal GOUSSET. »

d'Avignon de l'an 1850, ch. v, *De l'impression des livres;* que, « de plus, il n'a pas craint de renouveler témérai-
« rement une discussion que Grégoire XVI, de sainte
« mémoire, par un rescrit de cette Sacrée-Congrégation,
« en date du 1ᵉʳ mai 1845, adressé à l'Evêque de Liége, et
« Notre Très-Saint-Père Pie IX, heureusement régnant,
« par un jugement de la Sacrée-Congrégation des Evêques
« et Réguliers, ont voulu réserver uniquement à la déci-
« sion du Siége Apostolique ». En conséquence, la Sacrée-
Congrégation de l'*Index* a résolu que, « comme il s'agis-
« sait d'une question relative à la discipline de l'Eglise
« plutôt qu'à la doctrine de la foi et des mœurs », on
ferait savoir à Mᵍʳ l'Archevêque d'Avignon qu'on laisse
à Sa Grandeur « le soin d'agir contre ledit auteur sui-
« vant la sagesse et la prudence que le Seigneur lui a
« départies ».

« Cette décision de la Sacrée-Congrégation ayant été
communiquée à Notre Très-Saint-Père le Pape, Sa Sainteté
a daigné l'approuver, et, en même temps, Elle a renvoyé
l'affaire à la Sacrée-Congrégation du Concile, en lui ordon-
nant de suivre la conduite qu'avait adoptée la Sacrée-Congrégation des Evêques et Réguliers, « lorsqu'elle examina,
« dans sa séance du 1ᵉʳ septembre 1864, un livre de ce
« genre, publié avec la même témérité par Dagomer,
« prêtre du diocèse d'Evreux, et qu'elle approuva les
« actes de l'Evêque ».

« Pour se conformer à cette intention, S. E. le cardinal Caterini a cru de son devoir d'écrire à Mᵍʳ l'Archevêque d'Avignon pour l'inviter, au nom de la Sacrée-
Congrégation dont il est le président, à réprimander
l'auteur de l'opuscule en question, après l'avoir appelé
auprès de lui, et à l'exhorter efficacement à DÉSAVOUER
SON ŒUVRE, comme l'a fait d'une manière louable et

exemplaire, aussitôt qu'il eut été repris de sa témérité par son Evêque, le prêtre du diocèse d'Evreux dont nous venons de parler. Du reste, Son Eminence a la ferme confiance que M. l'abbé André obtempérera aux remontrances de Sa Grandeur, et qu'il se conformera avec docilité aux prescriptions du Siége Apostolique.

BARRIER.

(*Le Monde* du 28 mai 1866).

Monsieur le Rédacteur,

Dans son numéro du 28 mai, que l'on me communique, le *Monde* reproduit une analyse de la lettre adressée par S. Em. le cardinal Caterini à Mgr l'archevêque d'Avignon, à l'occasion de la décision prise par la Sacrée-Congrégation de l'*Index*, au sujet du livre intitulé : *Les lois de l'Eglise sur la nomination et la révocation des curés*, par le docteur André de Vaucluse.

A cette analyse se trouve jointe, dans le journal, une note signée de Mgr Thomas Gousset, dans laquelle S. Em. assimile les Mémoires de l'abbé Maurice à l'opuscule du docteur André, et affirme que les Mémoires comme le livre sont écrits dans un *mauvais esprit*, et renferment des *prétentions téméraires* et *blâmables*.

En donnant cette analyse et en reproduisant cette note, l'honorable M. Barrier, contre son intention sans doute, a porté atteinte à mon honneur, et je pourrais invoquer la loi française pour me défendre dans votre journal, comme c'est mon droit, si *le Monde* n'était parfaitement connu par le respect qu'il professe pour les saintes doctrines romaines, l'autorité du Saint-Siége et les décisions des Sacrées-Congrégations pontificales. Je ne fais donc appel qu'à ce triple sentiment qui paraît caractériser votre journal, en vous priant d'insérer la rectification suivante.

L'analyse donnée par M. Barrier renferme une grave inexactitude, en ce qu'elle laisse croire qu'il résulterait de la lettre de l'éminent cardinal Caterini, que le livre du docteur André a été condamné par Rome, ce qui n'est pas. Et cette erreur de l'analyse confirme ainsi la note de M{sr} Gousset qui, assimilant mes Mémoires au livre du docteur André, assure qu'ils sont écrits dans un mauvais esprit et renferment des prétentions blâmables et téméraires.

Il m'est donc nécessaire, pour me défendre, d'analyser à mon tour la lettre Caterini, puis de répondre à la note de S. Em. reproduite dans le même numéro. Ce sera tout l'objet de cette rectification.

La décision de la Sacrée-Congrégation de l'*Index* concerne à la fois et le livre du docteur André, et l'auteur lui-même.

I.

Ce que le Saint-Siége a décidé quant au Livre.

En ce qui concerne le livre, il résulte de la lettre du cardinal Caterini : 1° Que ce livre a été déféré à la Congrégation de l'*Index*, qui l'a examiné. *Examini subjecit opusculum quod jam delatum fuerat ;* 2° la qualité des dénonciateurs de cet ouvrage et leurs instances étaient telles, que la Sacrée-Congrégation a cru devoir en faire l'objet d'un mûr examen, selon toutes les règles suivies en pareil cas, *matura præmissa universæ rei consultatione.* Ainsi, 3° les consulteurs ont été requis de donner leurs avis, *Exquisita prius Consultorum sententia.* 4° Une délibération des cardinaux et juges formant la Congrégation est intervenue. 5° Cette délibération fut prise en assemblée générale le 10 décembre 1865 , *in generali conventu die* Xᵃ *decemb. inibi deliberatum est ;* 6° Que les suffrages des juges furent unanimes, *Cunctis suffragiis.*

7° Enfin, il fut décidé qu'il n'y avait pas lieu de proscrire par un décrét public, comme cela se fait, l'opuscule du docteur André. *Illiusmodi opusculo per publicum decretum rite proscribendo locus esse non visus est.*

En bon français, le cardinal Caterini informe les intéressés que la Sacrée-Congrégation de l'*Index* a été d'avis, à l'unanimité, les consulteurs entendus, après mûr examen, qu'il n'y avait pas moyen de mettre ce livre à l'*Index.*

Et il n'y est pas; et il n'y sera pas. Car le Saint-Père, à qui rapport a été fait, a confirmé la décision prise. *Sanctitas sua confirmare dignata est.*

Voilà, Monsieur le Rédacteur, un premier point capital, sur lequel l'analyse donnée par M. Barrier n'a pas suffisamment, selon moi, attiré l'attention des lecteurs, et sur lequel, à son insu certainement, il a fait positivement prendre le change, comme je le montrerai tout à l'heure. Il importe bien essentiellement de faire ressortir cette première partie de la décision et ses conséquences, puisque Mgr Gousset, dans sa note reproduite par *le Monde*, assimile mes Mémoires au livre du docteur André, et les donne comme étant écrits dans un *mauvais esprit*, et renfermant des *prétentions téméraires et blâmables*. Si cette assimilation est juste, il s'ensuit péremptoirement que l'esprit de mes Mémoires est si peu *mauvais*, que les prétentions qu'ils renferment sont d'une *témérité* si peu dangereuse et méritent un *blâme* si bénin, qu'il ne serait pas possible d'en défendre la lecture à qui que ce soit dans l'Eglise de Dieu. Car tel est l'effet de la décision portée sur le livre du docteur André. Nous ne sommes plus en présence d'un livre *inconnu*, d'un livre *non jugé* : l'ouvrage du docteur André est *jugé* par le tribunal le plus élevé de Rome, c'est-à-dire du monde, et le plus compétent en fait de livres. Et ce tribunal a rendu dans toutes les formes son jugement, confirmé encore par le Souverain-Pontife : il n'y a pas lieu à proscrire le livre dénoncé, ni à porter contre lui le décret public accoutumé.

Donc, Monsieur le Rédacteur, tout prêtre, tout fidèle peut, à l'heure présente, lire l'ouvrage du docteur André ; tous les libraires peuvent le vendre et tout le monde peut l'acheter, sans crainte aucune ; aucun évêque, aucun au monde ne peut le condamner. Et la décision de Mgr Gousset, qui l'a prohibé le 1er mai 1865, et qui le blâme aujourd'hui dans la note insérée dans *le Monde*, est réformée. Et si mes *Mémoires* doivent être assimilés à ce livre, c'est à tort aussi que S. Em. les a condamnés.

C'est ici le lieu, Monsieur le Rédacteur, de rappeler une thèse de M. l'abbé Bouix ainsi formulée : « *Le pouvoir de proscrire les livres appartient à l'évêque pour son diocèse ; mais il est bien des cas où il doit s'abstenir d'en user* ». Puis cet auteur cite **Zaccaria** : « Les prohibitions des livres, prononcées par les évêques particuliers, entraînent avec elles deux inconvénients : le premier, c'est que ces lois prohibitives n'ont aucune valeur hors de leur diocèse ; le second consiste en ce que, même dans leur diocèse, ces prohibitions n'ont pas une valeur pleine et absolue. Car, bien que les évêques soient juges en matière de foi, ils ne le sont qu'en première instance, et ils sont faillibles. C'est pourquoi leurs prohibitions sont exposées à être contestées, et donnent lieu à des controverses. En ces derniers temps, la France nous en a fourni un grand nombre d'exemples. On a vu publier, pour réfuter des lettres pastorales d'évêques prohibant des livres, des écrits qui prouvaient que ces prohibitions avaient été injustes ».

Ajoutons que ces sages paroles n'empêchent pas que le droit des évêques ne puisse être exercé salutairement et même ne doive l'être fréquemment, à l'égard de certains livres, conformément aux dernières recommandations du Souverain-Pontife. Sa Sainteté Notre Seigneur Pie IX a parlé deux fois sur ce grave sujet ; savoir d'abord dans l'encyclique adressée aux évêques de France, à l'occasion du journal l'*Univers* et d'autres questions importantes. Là le Saint-Père abonde dans le sens des paroles de Zaccaria, que nous venons de citer, recommandant aux évêques d'user modérément de leur juridiction en première instance, surtout à l'égard d'auteurs dont les écrits font preuve de foi et de bonne foi. Plus récemment, le Saint-Père s'est plaint de la multitude des mauvais livres, à l'examen desquels les Sacrées-Congrégations ne peuvent suffire. Tout cela est facile à concilier : le pouvoir épiscopal est à exercer dès qu'il s'agit de livres *accrédités*, écrits dans un *mauvais esprit*, c'est-à-dire un esprit hostile, soit : 1° à la religion révélée ; 2° à la religion chrétienne ; 3° à la religion catholique ; 4° et 5° aux bonnes mœurs, théoriquement ou pratiquement ; 6° à la hiérarchie ecclésiastique ; 7° au pouvoir législatif et coercitif de l'Eglise ; 8° à l'histoire ecclésiastique, lorsqu'on la présente sous des couleurs mensongères.

Car telles sont les huit classes de mauvais livres que la Congrégation de l'*Index* a mission de condamner et de prohiber. On se montrerait donc bien étranger à la question, si l'on prétendait que le livre du docteur André n'a pas été proscrit par un décret public, uniquement parce qu'il ne renfermait rien de contraire à la foi ou aux bonnes mœurs. La Congrégation de l'*Index* a mission de proscrire tous les genres de livres que je viens d'énumérer ; j'en ai emprunté la nomenclature à M. Bouix ; et pour preuve, je me contenterai de citer trois ou quatre ouvrages mis à l'*Index*, et suffisamment connus du public. Ainsi, la sainte Congrégation a proscrit : *De l'ancienne discipline de l'Eglise*, par Dupin; *De l'état de l'Eglise*, par l'évêque de Hontheim (Febronius); *Des Causes majeures*, par Jean Gervais; *Mémoire sur les droits du second ordre du clergé*, par l'oratorien Laborde; et tout récemment les livres du docteur Nuyts.

Ainsi, au contraire, la Sainte Congrégation ou le tribunal de l'*Index*, en refusant, malgré la qualité et les instances des personnages qui le lui avaient déféré, de proscrire le livre du docteur André, après mûr examen, par une délibération prise à la suite de votes unanimes, et confirmée par le Saint-Père, l'a innocenté sur les *huit chefs susmentionnés.*

D'où vient donc que, après ce jugement, Mgr Gousset le censure si durement, en disant que c'est un livre d'un *mauvais esprit* et qui renferme des *prétentions téméraires et blâmables?*

J'ai la persuasion que S. E. n'a pas eu l'intention d'opposer sa censure privée au jugement de la Congrégation de l'*Index*. Je m'explique. Aussitôt qu'un ouvrage est mis au jour, dit Zaccaria, tout homme instruit a le droit d'en dire son avis ; et c'est ce qu'on appelle la *censure privée*. Je crois donc, comme je viens de le dire, que Mgr Gousset n'a pas eu le moins du monde l'intention de censurer privément un livre innocenté par un jugement public de la Congrégation de l'*Index*. A plus forte raison je crois fermement que S. E. n'a pas eu l'intention de le censurer *publiquement* avec *proscription*. Cependant, si l'on considère d'une part, que S. E. a *prohibé* dans son Mandement du 1er mai 1865 le livre du docteur André, et que de l'autre, Elle vient dans un écrit public de le déclarer *conçu et écrit dans un mauvais esprit et renfermant des prétentions téméraires et blâmables*, ces deux actes se complétant naturellement l'un l'autre, il s'ensuivrait que Mgr Gousset a *proscrit*, c'est-à-dire prohibé à la fois et déclaré mauvais un livre au sujet duquel le Saint-Siége a rendu un jugement en forme, portant qu'il n'y avait pas lieu à le proscrire. Je m'explique de nouveau.

Si l'on entend par censure privée le sentiment d'un homme instruit sur un ouvrage livré au

public, on entend par proscription ou condamnation la prohibition de lire un livre parce qu'il est
mauvais ; en sorte que la condamnation d'un livre
est à la fois une censure déclarant le livre mauvais
et une prohibition dudit livre : *Condemnationis
seu proscriptionis nomine intelligi solet prohibitio
libri quatenus in se pravi; ita ut condemnatio sit
semel censura de pravitate libri, et ejusdem libri
prohibitio.*

Or, je le répète, je me refuse absolument à
croire que Msr Gousset ait eu l'intention de proscrire un livre en faveur duquel le Saint-Siége a
rendu un jugement de *non-lieu*, et que S. E. ait
voulu élever son tribunal d'évêque, c'est-à-dire de
juge en première instance, contre le tribunal suprême.

D'où vient donc qu'il l'a fait? c'est par méprise.
Cela vient de ce que son traducteur n'a pas bien
saisi le sens de la lettre Caterini, et qu'il a confondu
le blâme de l'auteur avec le blâme de l'ouvrage.
Ceci nous amène à la seconde partie de cette réponse.

II.

Ce que le Saint-Siége a décidé quant à l'Auteur.

C'est la sainte Congrégation elle-même qui nous fournit la distinction que nous venons d'établir. Bien que tous les juges, dit le cardinal Caterini, aient été d'avis, dans leur décision, qu'il n'y a pas lieu à proscrire *le livre*, néanmoins tous ont été d'avis que *l'auteur* mérite un blâme et même une sévère admonition. *Cunctis suffragiis, in eam deliberationem inibi itum est , ut licet illiusmodi* OPUSCULO *per publicum decretum rite proscribendo locus esse non videretur , nihilominus ejusdem* AUCTOR *non solum vituperationis nota, sed etiam severa admonitione prosequendus esset.*

La distinction est claire ; le livre est innocenté, l'auteur non. Pourquoi? Voyons les motifs et nous comprendrons mieux encore que le blâme atteint *l'auteur* et *non pas le livre.*

Mais allons tout d'abord au-devant d'une objection qui peut se présenter facilement à l'esprit des lecteurs français, peu au courant des choses romaines, et gêner leur appréciation, comme elle a évidemment selon nous gêné celle du traducteur de Mgr Gousset, et de Monseigneur lui-même ; et c'est là sans doute la cause de la méprise dans laquelle ils sont tombés.

Comment se peut-il faire, si le livre est irrépréhensible, que l'auteur mérite un blâme et même une admonition sévère pour l'avoir publié ?

Le blâme de l'auteur ne rejaillit-il pas, bon gré mal gré, sur le livre ?

Non. La conséquence n'est pas rigoureuse. Plutôt que de raisonner ici, je préfère donner un exemple tiré de l'Ecriture, qui passe sous nos yeux ces jours-ci en lisant dans l'office divin le premier livre des Rois.

Lorsque Jonathas manqua à l'appel de l'armée de Saül, dans cette fameuse soirée où, accompagné de son seul écuyer, il envahit le camp des ennemis, escaladant les rochers, s'accrochant à leurs pointes, et mit toute leur armée en désordre ; lorsqu'ensuite en les poursuivant il viola la consigne de son père, en goûtant un peu de miel qui *illumina ses yeux*, Saül voulait le condamner à mort, pour ces manquements à la discipline. Et Jonathas s'écriait en pleurant : Pour avoir goûté un peu de miel au bout de la verge que je tenais à la main, voilà que je vais mourir !

Jonathas ne mourut point. *Dieu avait fait son œuvre avec lui.* Mais lors même que la sentence de Saül eût été exécutée, il n'en resterait pas moins que le fait d'armes fut glorieux en lui-même, et eut pour conséquence la fuite et la retraite des Philistins, l'affermissement du royaume de son père, qui put alors porter la guerre au dehors contre Moab, contre les fils d'Ammon et d'Édom, les rois de Soba et à la fin jusque chez les Philistins eux-mêmes ; et partout où il dirigeait ses efforts, il était vainqueur (1).

Voici donc le sens de la lettre de Rome :

Vous nous avez déféré le *livre* du docteur André, comme susceptible de proscription. Nous ne pouvons le condamner : *ce livre* ne peut être proscrit. Le tribunal suprême l'a examiné avec soin et selon les règles tracées par les constitutions pontificales ; et son jugement a été unanime. Mais en même

____

(1) I Reg., c. xiv, 1-52.

temps nous avons remarqué avec vous que l'*auteur* a manqué à un règlement diocésain, en le publiant sans approbation de l'Ordinaire, contrairement aux prescriptions du Synode d'Avignon de 1850 : *l'auteur* mérite d'être blâmé pour cela. Car il est du devoir de Rome d'attester qu'elle tient aux principes, et à l'exécution des lois, même particulières. De plus, *l'auteur* a manqué à une défense disciplinaire faite par le Saint-Père lui-même. C'est une témérité, et pour cela non-seulement il y aura blâme, mais admonestation sévère.

Ainsi, il ne s'agissait, poursuit le cardinal, que d'une affaire disciplinaire ; et c'est à l'ordinaire du lieu à réprimer ces sortes de manquements.

Rapport est fait au Saint-Père. Le glorieux et sage Pontife confirme d'abord la décision des juges de l'*Index*. Il fait plus, et ici, Monsieur le Rédacteur, permettez-moi d'attirer l'attention de vos lecteurs sur ce que va faire le Pontife. L'affaire ne concerne plus la Congrégation de l'*Index*, dit-il ; le *livre* étant innocenté, qu'on renvoie ce qui reste de la cause à la Congrégation compétente. Le seul fait du retrait de l'affaire des mains de la Congrégation de l'*Index*, confirme tout ce que nous avons dit sur l'*immunité* du livre. Le Saint-Père ne veut pas même que ce soit cette Congrégation qui expédie elle-même l'avis du blâme de *l'auteur* qu'elle a formulé. Ce n'est plus une affaire *de livre*, c'est-à-dire d'*Index*, c'est une affaire de discipline. Mais quelle sera la Congrégation compétente ? Dans l'affaire Dagomer, la Congrégation *des évêques* avait jugé, parce que la Congrégation des évêques est établie pour examiner les actes des évêques, les annuler ou les confirmer : c'est de là que lui vient son nom. Or, Mgr l'Evêque d'Evreux avait prohibé l'opuscule de l'abbé Dagomer, et il s'agissait de savoir s'il avait eu raison : c'était donc à la Congrégation des évêques que revenait le jugement de l'affaire Dagomer. Dans la présente affaire André, Mgr Gousset a prohibé le livre ; et cependant notre Saint-Père le Pape ne renvoie pas la cause devant la Congrégation des évêques, soit parce que Mgr Gousset n'est pas l'Ordinaire du docteur André, soit parce que la Congrégation de l'*Index* avait innocenté son livre, et peut-être pour les deux raisons ensemble. Le Saint-Père se souvient de l'affaire Dagomer ; mais il renvoie celle du docteur à la Congrégation *du Concile* et non pas à celle des évêques. Il ajoute, du reste, qu'il faut suivre une marche semblable à celle qui a été suivie alors. En effet, il y a parité en ce que le docteur André, comme l'abbé Dagomer, a publié son livre sans approbation de l'Ordinaire contrairement aux lois particulières de son diocèse, et en ce que tous deux ont soutenu une thèse dont le Saint-Siége s'est réservé à lui seul la décision : savoir la nécessité de revenir au droit commun en ce qui concerne la nomination et la révocation des curés dits desservants. Toutefois, il y a une différence. La Congrégation des évêques avait décidé, après examen du livre, que Mgr d'Evreux avait bien jugé en condamnant le livre de l'abbé Dagomer, tandis que l'*Index* avait décidé qu'il n'y avait pas lieu à proscrire le livre du docteur André. En conséquence, la Congrégation du Concile ne s'est pas réunie pour examiner le livre du docteur, innocenté par celle de l'*Index*. Mais son préfet, conformément à la pensée du Saint-Père, *huic menti obtemperans*, s'est contenté d'écrire une *simple lettre* à l'archevêque d'Avignon, aux lieu et place du préfet de l'*Index*. En effet, c'était l'affaire du préfet de la Congrégation du Concile. Car il rentre dans les attributions de celle-ci de faire observer la législation : et il lui appartenait de faire rappeler au docteur André la nécessité d'observer les lois particulières de son diocèse et sa propre réponse à l'évêque de Liége du 1ᵉʳ mai 1845 concernant la matière. C'est pourquoi l'Eminentissime Caterini écrit à l'archevêque d'Avignon : Faites venir l'*auteur* dudit opuscule, avertissez-le, et exhortez-le efficacement à rétracter *non pas son livre*, innocenté par l'*Index*, mais *son action*, comme ayant violé deux lois disciplinaires, l'une de l'évêque et l'autre du Pape... *Ad factum retractandum.*

C'est ici le lieu de montrer que le traducteur de Mᵍʳ Gousset s'est mépris en confondant l'auteur et le livre. Le texte latin ne laisse aucun doute : on sait avec quel soin et quelle perfection d'exactitude sont rédigés les moindres actes des tribunaux pontificaux ; on en a ici un nouvel exemple.

— *Illiusmodi* OPUSCULI *auctorem penes te accercitum moneas eumque efficaciter adhorteris ad* FACTUM RETRACTANDUM.

Le traducteur de Reims a rendu ces mots par : *désavouer son œuvre.* — *Traduttore, traditore !* *Œuvre* ici a bien l'air de signifier livre ou ouvrage.

Or, il est évident que *factum*, dans cette phrase,
ne se rapporte pas à *opusculum* qui vient d'être ex-
primé ; s'il en eût été ainsi, on eût mis simplement
illud. D'un autre côté, encore une fois, *factum* ne
peut signifier le livre, innocenté unanimement,
après mûr examen, par la Congrégation de l'*Index*,
et déclaré par elle non susceptible d'être proscrit,
c'est-à-dire, suivant la définition rapportée plus
haut, ne pouvant être prohibé comme mauvais.
La décision serait contradictoire, si le traducteur
de Reims traduisait juste, et elle s'explique parfaitement d'après le contexte et nos éclaircisse-
ments.

Le Cardinal-Préfet ajoute qu'il a l'espoir que le
docteur André écoutera son Ordinaire, et qu'il se
conformera aux prescriptions du Saint-Siége, et
il termine en disant à l'archevêque de l'informer
du résultat de la démarche qu'il va faire auprès
du docteur André.

Saül avait dit à Jonathas : *Morte morieris, Jo-
natha*. Le Saint-Siége est plus sage que Saül ;
un avertissement à l'auteur, une exhortation à
regretter la violation de deux manquements disciplinaires, voilà toute la peine ; et pour être plus

sûr que ses prescriptions ne seront pas dépassées, le Cardinal-Préfet termine en disant à l'archevêque de l'informer du résultat.

Il me reste peu de chose à dire, bien que ce peu ait une haute importance. Auparavant, résumons ce qui précède en disant que Mgr Gousset s'est mépris en appréciant la décision du Siége Apostolique, concernant l'ouvrage de l'abbé André auquel il attribue un *mauvais esprit*, et des *prétentions téméraires* et *blâmables* qui se retrouvent, etc. ; et que Son Eminence, sans le vouloir certainement, a prononcé un jugement de condamnation contre un livre que la sainte Congrégation de l'*Index* avait déclaré n'être pas susceptible d'être proscrit.

Voici maintenant ce que j'ai à ajouter : Des deux torts que le Saint-Siége a reconnus à l'abbé André, je n'en ai aucun. Premièrement, il a publié un livre sans approbation de l'Ordinaire, contrairement aux statuts de son diocèse. Et moi, je n'ai point violé les prescriptions du Synode de Reims, en publiant mes *Mémoires*. Ces mémoires, en effet, traitent des questions *canoniques*. Or, le Synode de Reims n'exige pas l'approbation de l'Ordinaire pour la publication de ces sortes de travaux ; le texte est formel par son silence. Les statuts diocésains de Reims, de l'an 1850, défendent de publier sans *imprimatur* les livres traitant des matières qu'il spécifie. *De rebus* THEOLOGICIS, HISTORICIS *et* ASCETICIS. La théologie, l'histoire et l'ascétisme. Le Droit-Canon est omis. Pourquoi, je n'en sais rien ; peut-être parce qu'à cette époque il n'était pas plus question de Droit canonique dans notre diocèse que s'il n'eût pas existé. C'est ici le cas ou jamais d'invoquer l'axiome : *Odia restringenda.*

Deuxièmement, le docteur André est blâmé pour avoir soulevé de nouveau une controverse, une question dont le Saint-Siége s'était réservé à lui seul la solution. Il ne l'a pas mal traitée, puisque l'*Index* s'est fermé devant son livre. Mais enfin, il a manqué, en soulevant de nouveau, contrairement à la décision du Saint-Siége, la question de la nécessité de revenir au droit commun pour la nomination et la révocation des curés.

Et moi, je n'ai en aucune façon soutenu cette thèse.

Ici un éclaircissement est nécessaire.

Il ne faudrait pas croire que le Saint-Siége entende qu'on doive garder le silence le plus absolu sur la question des desservants : autrement, huit Conciles provinciaux de France, qui ont traité cette question depuis la réserve, auraient contrevenu à la défense ; autrement, Mgr Gousset aurait commis une contravention flagrante, en traitant *ex professo* la question dans son Mandement du 1er mai 1865. Car il faut bien le savoir ; lorsque le Pape interdit de traiter une question, il n'est pas plus permis à un évêque, fût-il cardinal, qu'à un simple prêtre, de contrevenir à la défense. Ce qui est défendu, *c'est de se faire juge dans la question de mettre fin à l'état provisoire*, ainsi que le dit le rescrit à l'évêque d'Evreux, sur l'affaire Dagomer. Mais ce qui n'est pas défendu assurément, c'est d'accepter la décision de Grégoire XVI, d'en faire ressortir la légitimité en en expliquant le sens comme les conciles eux-mêmes, et notamment comme l'évêque de Liége, à qui la décision fut adressée.

Or, dans mon premier *Mémoire*, je n'ai traité la question ni de près ni de loin ; j'y ai à peine fait allusion, et en exposant les faits de ma cause, je me suis spécialement appuyé sur la réponse de Grégoire XVI à l'évêque de Liége. Dans celui qui vient de paraître : *Le curé de Neuvizy ; défense des lois de l'Eglise et de l'Etat, à l'occasion d'un mandement de M*^{gr} *Gousset* (1), non-seulement j'accepté la discipline provisoire usitée en France, et la décision de Grégoire XVI, mais je crois en avoir donné l'historique le plus complet et l'explication la plus claire, et mes arguments iraient presque à faire conjecturer qu'il ne serait peut-être pas facile au Saint-Siége de la changer radicalement aujourd'hui. Seulement je développe avec soin la partie de cette décision qu'on affecte trop souvent de laisser dans l'ombre.

Ainsi on ne peut me reprocher d'avoir *témérairement* soulevé une question dont le Saint-Siége s'est réservé la solution pratique.

C'est donc doublement à tort que la note reproduite par vous assimile mes Mémoires au livre du docteur André, et attribue à l'un et aux autres

(1) *Le Curé de Neuvizy, défense des Lois de l'Eglise et de l'Etat*, à l'occasion d'un mandement de Mgr Gousset, etc.
Paris, Retaux. — Bar-le-Duc, Laurent, éditeur.

un mauvais esprit et des prétentions téméraires et blâmables.

Pour moi, Monsieur le Rédacteur, je n'ai publié mes Mémoires que contraint et forcé, ainsi que je l'explique en particulier dans le dernier ; et je crois si peu être animé d'un mauvais esprit et avoir des prétentions téméraires et blâmables, que j'ai eu la confiance d'adresser celui qui vient de paraître au Saint-Père et aux trois Congrégations de l'*Index*, du *concile* et des *évéques*, avant même qu'il fût publié, et de le soumettre ainsi de mon propre mouvement au jugement du Saint-Siége. En même temps j'adressais la lettre suivante dès le 6 avril dernier à mon intermédiaire canonique :

MONSEIGNEUR ***,

« Je viens prier Votre Excellence d'être mon intermédiaire auprès de Sa Sainteté Notre Seigneur Pie IX, successeur de saint Pierre, vicaire de Notre-Seigneur Jésus-Christ sur la terre, et juge suprême des évêques et des prêtres dans la sainte Eglise de Dieu. En même temps que la présente, j'adresse à Votre Excellence huit exemplaires d'un livre intitulé : *Le Curé de Neuvizy ; défense des lois de l'Eglise et de l'Etat à l'occasion d'un mandement de S. Em. Mgr Gousset, cardinal-archevêque de Reims.*

« De ces huit exemplaires, Monseigneur, l'un est destiné à **Notre Seigneur** et Très-Saint Père le Pape, si Sa Sainteté daigne l'agréer de la part d'un de ses plus humbles et plus malheureux prêtres. Le second exemplaire, je l'offre à Votre Excellence en la priant de l'accepter et d'y jeter un coup d'œil.

« Les six autres sont destinés à LL. EE. et RR. nos seigneurs les préfets et secrétaires des trois Congrégations des évêques et réguliers, du Concile, et de l'Index.

« J'ose prier Votre Excellence de les faire parvenir à destination.....

« Je ne reconnais plus d'autre juge de ma cause que Notre Saint-Père le Pape, ou ceux à qui il plairait à Sa Sainteté d'en confier l'examen, la discussion et la définition.

« Je soumets l'écrit et ma personne elle-même au jugement du Saint-Siége.

« Agréez, etc.

Neuvizy, 6 Avril 1866.

Vous trouverez peut-être, Monsieur le Rédacteur, cette rectification un peu longue. Mais le sujet qu'elle traite est grave au point de vue des décisions romaines et des congrégations pontificales. De plus, je viens de soumettre ce travail à un de vos collaborateurs, qui trouve le sujet traité avec convenance dans la forme, et irréprochable quant à la doctrine. J'ose donc espérer que vous l'insérerez en entier, dans l'intérêt même des saines doctrines que vous faites

profession de soutenir. Autrement, vous en pren-
drez ce que vous jugerez convenable pour satis-
faire à mon honneur, et faire connaître à vos
lecteurs que j'ai soumis spontanément au jugement du Saint-Siége avec ma cause, le livre si
durement noté par Mgr Gousset.

Veuillez agréer,

Monsieur le Rédacteur,

l'expression de mon respect,

JOSEPH MAURICE.

Neuvizy, 2 juin 1866.

III.

Au moment où nous achevions de corriger l'épreuve des pages précédentes, voilà que *le Monde* nous apporte l'article suivant :

(*Monde* du 13 juillet. Edition quotidienne.)

LETTRE DE RÉTRACTATION

envoyée par M. l'abbé André , de Vaucluse.

« Après avoir pris connaissance de la lettre de S. Em. le cardinal Caterini à Mgr l'archevêque d'Avignon , en date du 28 mars 1866, je reconnais que j'ai eu le malheur de mériter qu'une correction juridictionnelle me soit donnée par mon vénérable archevêque , sous forme de réprimande et de sévère monition , pour avoir : 1° Fait imprimer, sans l'approbation de mon Ordinaire , et contrairement au décret du chapitre V du Concile provincial d'Avignon , mon livre intitulé : *Les Lois de l'Eglise sur la nomination* , etc.; 2° Pour avoir discuté par la presse, une question que les souverains-pontifes, Grégoire XVI et Pie IX ont déclaré être uniquement réservée au Saint-Siége. Je déclare que j'ai reçu avec soumission et respect la réprimande et la monition que m'a faites mon vénérable archevêque.

« [En ce qui concerne mon livre de *l'Exposition de quelques principes* , etc., je reconnais que j'aurais dû me munir de l'approbation de mon Ordinaire pour le publier. Je regrette , en outre , que certains passages aient pu ;

contrairement à mes intentions, blesser quelques personnes dignes de mon respect. Je désavoue d'avance tout ce qu'il pourrait y avoir de répréhensible. Je sais qu'en cela j'ai fait de la peine à mon vénérable archevêque, et je le regrette sincèrement] (1).

« Docile aux oracles et aux volontés du Saint-Siége manifestés par la lettre précitée, je promets de m'abstenir désormais de toute publication de cette nature sans l'approbation préalable de mon Ordinaire.

« Fait à Vaucluse, le 2 juin 1866.

« J.-F. André. »

(1) Nous n'avons pas à nous occuper de la seconde partie de la lettre de M. André, relative au dernier de ses ouvrages parus. Nous admirons son empressement à regretter ce qui y *serait hypothétiquement regrettable*. Nous ne savons pas ce que l'*Index* décidera sur l'*Exposition de quelques principes fondamentaux du Droit canonique méconnus en France*. Mais si ce livre ne renferme que quelques expressions un peu énergiques, que l'auteur se rassure, et relise l'Encyclique de Notre-Saint-Père le Pape Pie IX, concernant l'affaire de l'*Univers*. Qu'il se rappelle encore ce qui s'est passé, au sujet de la 1re édition du Traité *de Matrimonio*, du sulpicien gallican Carrière, lequel renfermait bien autre chose que des expressions vives, à savoir des erreurs de premier ordre formellement condamnées dans le *Syllabus* et antérieurement ; et que notre bon docteur ait confiance en la justice distributive du Saint-Siége et des Congrégations romaines. — A propos du fait de M. Carrière, et du danger que courut sa 1re édition du Traité *de Matrimonio*, je ne puis m'empêcher de faire remarquer la différence de conduite tenue *en France* à l'égard de M. Carrière et de M. André. On a tout fait pour que les lettres de Rome, au sujet du Traité *de Matrimonio*, ne vissent pas le jour ; et ces lettres renfermaient un bien autre blâme que celui que Mgr Caterini inflige à notre docteur : il s'y agissait du *fond*, et non de la *forme*. Pourquoi donc cet empressement à publier la lettre *toute privée* du cardinal Caterini ? Pourquoi ? Pourquoi ? — Que ceux qui croient le gallicanisme mort, répondent !

Nous lisons dans *la Semaine Catholique de Rodez* :

« Mgr l'archevêque d'Avignon avait reçu une lettre de S. Em. le cardinal Caterini, préfet de la Sacrée-Congrégation du Concile, à l'effet d'infliger un blâme à M. l'abbé André, et d'exiger de lui une rétractation de son livre (!!!) ayant pour titre : *Les Lois de l'Eglise sur la nomination et la révocation des Curés*, imprimé à Bar-le-Duc.

Nous sommes heureux de pouvoir insérer ici la lettre pleine de respect et de soumission que M. l'abbé André, en cette circonstance, a envoyée à Sa Grandeur ».

(Le Monde du 13 juillet).

« RÉTRACTATION *DE SON LIVRE* ».

La mesure est comble ! Le lecteur qui nous a suivi, et qui aura lu avec tant soit peu d'attention la lettre du docteur André, redira avec nous : la mesure est comble ! On persiste à donner comme une *rétractation du livre* le regret que témoigne le docteur André des deux manquements disciplinaires. La mesure est comble ! On altère et on défigure sans pudeur une lettre de Rome, une lettre qui ne devait pas même être publiée, une lettre qui est la condamnation de ceux qui l'ont provoquée, en déférant sans succès le livre du docteur à la Congrégation de l'*Index*, qui s'est refusée à le proscrire. Non-seulement on publie cette lettre ; mais on a la prétention de lui faire dire le contraire de ce qu'elle affirme. Puis l'*auteur*, plein de respect et de soumission, regrette ses manquements disciplinaires, selon le vœu du cardinal Caterini. Et l'on a l'audace de faire précéder cette lettre de quelques lignes où on la travestit elle-même, sans avoir l'air d'y toucher. On compte sur l'ignorance ou l'inattention des lecteurs de journaux, pour leur faire accroire tout doucement qu'un livre innocenté par la Congrégation de l'*Index*, est condamné par elle, et que son auteur lui-même le rétracte !

N'a-t-on pas mémoire de certaine excommunication prononcée *contra falsificatores litterarum apostolicarum*, et encourue *ipso facto* ?

Courage, cher docteur. Ne faiblissez pas à la vue de ces monstrueux abus du Gallicano-Jansénisme, que vous avez si bien flétris. Courage. Vous donnez l'exemple ; c'est bien ! Vous vous soumettez dans les petites choses ; tenez ferme

dans les grandes. Dieu aura égard à votre soumission et aux épreuves que vous subissez par
amour pour la sainte Eglise romaine : je vous
tends la main.

Et en même temps je profite de cette occasion pour redire à Mgr Gousset : Monseigneur,
ou rendez-moi justice de vous-même, et faites
cesser enfin tant de douleurs en réparant le
mal causé par un ou deux de vos conseillers,
isolés à l'heure présente, bien plus isolés que
vous-même dans votre diocèse. Ou, encore une
fois, ne vous opposez plus au jugement de
Rome et sur ma révocation et sur les censures
portées contre moi. Je renouvelle ici mon
appel; je demande à être jugé au fond, comme
c'est mon droit, mon droit divin; je demande
à être jugé au fond et sur la révocation et sur
les censures par le Souverain Pontife ; et je
vous requiers, et au besoin vous somme, au
nom des doctrines romaines que vous avez
professées dans vos manuels, de ne plus vous y
opposer.

Mais surtout, Eminence, rendez justice à celui
pour lequel je subis une peine si injuste et si

cruelle ; rendez de vous-même justice à M. Jullion. N'attendez pas qu'il aille porter sa cause à Rome (vous savez que le Droit lui donne deux ans pour la plaider), ou qu'il se justifie à son tour par un écrit public, des flétrissures publiques du Mandement du 1er mai ! Que serait-ce donc alors ! Permettez-moi, Monseigneur, de vous donner ici de ses nouvelles. C'est la renommée qui me les a apportées ; ce n'est point M. Jullion : il y a cinq mois que lui et moi nous n'avons pas échangé une ligne de correspondance. Le temps lui manque ! Il a donné vingt-quatre missions ou retraites dans le diocèse de Verdun, depuis que deux génies extraordinaires, qu'on appelle vos conseillers, l'ont banni de notre diocèse, comme le dernier des ignorants. Il a passé douze heures par jour au confessionnal et en chaire ; les pécheurs se sont convertis, les âmes pieuses ont reçu un accroissement de grâce partout où il a évangélisé, en ville comme à la campagne, à Notre-Dame de Bar-le-Duc comme à Brabant-le-Roy. Le vénérable et pieux évêque du diocèse, plein de sensibilité et de zèle pour le salut de son troupeau, l'entoure, comme son peuple et

son clergé, de son estime et de ses sympathies ;
il bénit la divine Providence des circonstances
qui ont amené dans son diocèse cet *homme de
Dieu*, ainsi qu'il l'appelle dans ses lettres, en lui
donnant tous ses pouvoirs *sensu latiori*. Naguère
à Varennes, M. Jullion a prêché sur les dons du
Saint-Esprit, en présence de Monseigneur, qui y
donnait le sacrement de Confirmation. Il ne paraît
pas qu'il ait, dans ce sermon, réduit tous les dons
du Saint-Esprit au seul don de Sagesse, ni qu'il
ait expliqué le don de Sagesse en disant qu'il
consiste dans l'obéissance aux lois de Dieu et de
l'Eglise, aux pères et mères, aux supérieurs et au
Gouvernement. Il est étranger à cette sorte de
théologie mystique. Ce que je sais, c'est qu'il
esquissa dans son exorde les grands traits du
mystère de la Trinité, et développa ensuite les
sept dons du Saint-Esprit et leurs merveilleux
effets dans les âmes. Ce que je sais, c'est que le
vénérable évêque rendit publiquement témoignage
de l'exactitude théologique, de la clarté et de
l'onction qui caractérisent et imprègnent la pa-
role du missionnaire apostolique. Rendez-lui justice enfin, Monseigneur ; rendez justice à vos

conseillers qui l'ont mis au-dessous d'un simple séminariste. Rendez ainsi la paix à vos derniers jours. La plus glorieuse victoire, c'est de se vaincre soi-même ; c'est aussi celle qui donne le repos à l'âme, le seul vrai bonheur de la terre.

Joseph MAURICE.

Typ. L. Guérin et Ce à Bar-le-Duc.

Paris, **RETAUX F^{es}**, rue Cujas, 13. | Reims, **BRISSART-BINET.**
Bar-le-Duc, **LAURENT**, libr.-édit. | Charleville, **LETELLIER.**

LE CURÉ DE NEUVIZY

DÉFENSE DES LOIS DE L'ÉGLISE
ET DE L'ÉTAT

A l'occasion d'un Mandement de Monseigneur GOUSSET, Cardinal-Archevêque de Reims

PAR M. L'ABBÉ MAURICE, PRÊTRE DU MÊME DIOCÈSE

> *Si vous le contestez, Eminence, écrivez au Saint-Père
> que, dans l'intérêt des principes sur lesquels vous
> avez basé vos censures, vous préférez suivre l'affaire
> et obtenir le jugement de la Congrégation des Evé-
> ques, et je signerai votre lettre des deux mains.*
> (Lettre à S. E. du 8 mars 1865.)

Un fort beau volume in-8° de 400 pages.

DEUXIÈME ÉDITION. — Prix : **2 fr. 50**; par la poste, **3 fr.**

L'affaire de Neuvizy, au diocèse de Reims, et les épreuves
du vénérable M. Jullion, chanoine et missionnaire apostolique, ont assez de retentissement dans l'Eglise de France, pour
que nous ayons le droit de nous dispenser de faire ce que l'on
appelle un Prospectus, en annonçant cet ouvrage.

Disons seulement que les questions les plus actuelles et les
plus vitales du Droit canonique y sont résolues par et à l'occasion des faits mêmes. Les CINQ LETTRES au cardinal Gousset, qui composent ce volume, renferment à la fois le drame
le plus douloureux, et le Manuel du Droit canonique moderne
le plus intéressant et le plus instructif.

Les indications suivantes donnent à peine l'idée de l'intérêt
saisissant que présente ce livre :

L'*Avant-Propos* initie le lecteur à l'affaire de Neuvizy. Il
mentionne l'Appel du curé au Souverain Pontife, son voyage
à Rome, les incidents survenus depuis son retour; en même
temps il rend raison de la présente publication et dit comment le curé de Neuvizy a été amené à se défendre publiquement contre le Mandement du 1er mai.

La *Première Lettre* pose l'état actuel de la question, et exa-
mine les cas où il est défendu par le Droit à un évêque de

révoquer et de transférer les curés révocables *ad nutum*. Un syllogisme en forme met à néant l'accusation d'illuminisme portée par le Mandement contre le Curé de Neuvizy. On assiste à sa révocation, anticanonique au premier chef, et aux circonstances émouvantes qui l'ont accompagnée.

La *Seconde* et la *Troisième Lettre* traitent de la *Procédure* canonique et des *Jugements* dans l'Eglise ; et notamment de la *Procédure* en cas de *Notoriété*. On croit trop facilement, en France, que le Droit ecclésiastique est quelque chose de compliqué, d'obscur, de désespérant à étudier et à démêler ; et on lui appliquerait volontiers le *rudis indigestaque moles* du poëte latin. Ceux qui liront la *Seconde* et la *Troisième Lettre* du Curé de Neuvizy au cardinal Gousset, admireront à la fois la clarté, la simplicité et la grandeur de la législation sacrée.

Ces deux lettres en particulier sont de nature à intéresser vivement les membres de la Magistrature aussi bien que le clergé. L'éclat de la Jurisprudence canonique y brille d'autant mieux que les *Faits* de la cause sont constamment mis en regard des *Lois*, et les uns et les autres resplendissent, par ce rapprochement, d'une lucidité merveilleuse. — La question de la *Délation*, incidemment traitée dans la *Troisième Lettre*, avec l'appui des textes du Droit, de saint Augustin, de saint Thomas, etc., produira l'effet d'une révélation.

La *Quatrième Lettre* continue de prendre corps à corps le Mandement du 1er mai, en examinant à fond la grande question de l'*Inamovibilité*. C'est sans contredit l'étude la plus complète et la plus lumineuse qui ait été faite sur ce sujet capital, au point de vue actuel. On y fait justice en passant d'un canoniste moderne trop accrédité (M. Bouix). Puis le Concordat, la Bulle *Ecclesia Christi*, les actes du cardinal Caprara, les articles organiques, Pie VII et son Légat, Napoléon Ier et Portalis, éclaircissent historiquement la thèse. Enfin, la Consultation de l'évêque de Liége, si peu connue dans les circonstances qui l'ont amenée, et la fameuse Réponse de Grégoire XVI, souvent si mal appréciée, viennent dire le dernier mot sur cette grave question.

La dernière *Lettre*, sans cesser de relater les faits de Neuvizy, fait ressortir en quelques pages fortement senties, la vraie notion de l'Autorité dans l'Eglise, et la nécessité de l'application pratique du Droit-Canon, pour rendre au Saint-Père l'exercice *réel* de son Pouvoir suprême et paternel. D'ailleurs le livre tout entier est une réfutation péremptoire des erreurs canoniques du Gallicano-Jansénisme moderne, et une éloquente revendication de l'exercice de l'Autorité Pontificale, au vrai profit de l'autorité épiscopale, d'autant plus forte et plus respectée, qu'elle est subordonnée à celle du Souverain Pontife.

NOTA. — Pour recevoir *franco* **le Curé de Neuvizy**, *Défense des lois de l'Eglise et de l'Etat*, s'adresser, soit directement, soit par intermédiaire, à l'un des libraires désignés en tête de la page précédente.

Bar, Typ. L. GUÉRIN et Cie.